Sabrina Elter

GOODNESS

Vom Guten im Kind

Impressum

Texte:	© 2022 Copyright by Sabrina Elter
Umschlag:	© 2022 Copyright by Sabrina Elter
Titelfoto:	© 2022 Copyright by Sabrina Elter

Lektorat:	Dr. Xenia Boe
Illustrationen:	Catharina Neideck
Verantwortlich für den Inhalt:	Sabrina Elter Am Park 3 29693 Hodenhagen vomgutenimkind@gmx.de

Druck: epubli – ein Service der Neopubli GmbH, Berlin

Inhaltsverzeichnis

Wortübersetzung „Goodness“:
Güte, Tugend, Gütigkeit, Herzensgüte, Gutheit, Gutsein
(Quelle: https://www.dict.cc/?s=goodness)

Wachgeküsst

„Sie sind 500 Jahre zu spät dran!

Das, was sie beschreiben, ist nicht neu.
Genau so sehen heutzutage schon alle Eltern ihre Kinder!"

Mit diesen Worten leitete die Lektorin unser Treffen zu dem geplanten Inhalt meines Buches ein. Das hatte gesessen! Hatte ich mich geirrt, war mein Thema altbekannt und schon längst in allen Familien zu Hause?

Also: Braucht man dieses Buch gar nicht?

Ich zeigte mich trotzig und sagte:

Doch!

Die Welt braucht dieses Buch.

Ich machte die These der Lektorin zu meiner Herausforderung!
Denn ich bin mir sicher: Es ist auch heute noch viel zu wenig verbreitet, dass ein christliches Kindesbild ein positives, gutes und göttliches sein darf und ist.

Seitdem ich 2018 *vomGutenimKind* ins Leben gerufen habe, treibt mich der Wunsch an, das Wissen um das Gute im Kind unter christlichen Eltern bekannter zu machen. Deshalb schreibe ich voller Leidenschaft Texte über den guten Kern im Kind. Viele meiner Follower, meist selber Mütter, die meine Texte auf *@vomGutenimKind* (Instagram) spannend fanden, fragen mich immer wieder nach einem Buch, um das Thema zu vertiefen. Doch ich kenne kein deutsches Buch, welches sich mit einem positiven göttlichen Kindesbild auseinandersetzt und eine christliche Perspektive zu diesem wichtigen Thema aufzeigt.

Diese beiden Dinge nahm ich zum Anlass, selbst aktiv zu werden und zum Stift zu greifen.

Dieses Buch ist also für euch. Die Antwort auf eine Bitte. Der Beginn einer Revolution.

Vielleicht fühlt es sich gerade jetzt, während du mein Buch in den Händen hältst, auch für dich ein wenig herausfordernd an, erstmals eine ganz neue Sicht auf dein Kind zuzulassen. Denn kann man eine überschwänglich positive und ausschließlich gute Sicht auf Kinder haben, wenn man Christus folgt? Viele würden sagen: Nein. Der Sünde wegen. Der alttestamentarischen Bibelstellen wegen oder der eigenen Prägung wegen, die uns viele negative Gedanken über den Kern von Kindern mitgegeben hat.

All das sind Herausforderungen, denen wir uns gemeinsam in diesem Buch stellen werden. Und lass mich dir vorab schon eines verraten:

Du wirst diese Herausforderung meistern!

Du trittst jetzt, wie der Königssohn im Märchen Dornröschen, an eine seit Jahren als unüberwindbar geltende Dornenhecke heran. Eine riesige, wuchernde grüne Mauer deiner Gedanken, die sich dir in den Weg stellen will. Diese will dich zurückhalten vom guten Denken über Kinder. Sie wird dir, durch ihre imposante Größe, vermitteln wollen, dass es leider kein Durchkommen für dich gibt. Dass kein Weg zum Guten führt. Zum guten Denken über Kinder.

Doch du hast Mut, hast dieses Buch aufgeschlagen und gehst (liest) weiter.

Glaube mir, es lohnt sich! Es wird dir ergehen wie dem Königssohn, als er begann, sich der meterhohen Hecke zu nähern:

Du wirst blühende Blumen entdecken, dort wo Dornen wuchsen. Schönheit da, wo Gefahr und Schmerz drohten.

Und noch mehr: Die Hecke wird sich für dich öffnen und dich unbeschadet hindurchgehen lassen. Es wird ein Weg zum Schloss sichtbar werden – ganz ohne Kampf, ohne Verletzungen oder Schürfungen. Wie der Königssohn wirst du entspannt den Weg zum Schloss entlangspazieren.

Ich finde dieses Bild wunderschön! Es zeigt so passend, dass unsere bisherigen Überzeugungen über Kinder oft wie eine solche piksige Mauer wirken. Eine, die angeblich unüberwindbar ist. Eine Grenze, die angeblich nicht zum Guten hin verschoben werden kann. Eine Hürde, die uns im Weg steht und deretwegen wir nie zu einem positiven, guten und göttlichen Kindesbild kommen können.

Unser Glaube aber ist in Wirklichkeit wie eine blühende Hecke, voller Schönheit und Wahrheit, voller Liebe zum Kind und zum Guten. Sie reckt uns ihre vollen Blüten entgegen und verströmt einen leichten, zarten Duft voller Süße.

Da ist nichts, was uns fernhalten könnte vom „Schloss", in dem das Gute schlummernd in seidenen Laken liegt. Im Gegenteil. Unser Glaube steht uns nicht im Weg. Er unterstützt uns bei diesem Blick auf unser Kind. Treten wir an diese Mauer heran, dann öffnet sie sich für uns und gibt den Weg zum Inneren eines königlichen Schlosses frei, in dem gute Gedanken seit vielen Jahren selig ruhen. Wie Dornröschen, ohne geweckt zu werden.

Diesem guten Kern in unseren Kindern dürfen wir das Hauptaugenmerk unserer Elternschaft schenken. Ganz ohne schlechtes Gewissen oder vermeintliches Verpflichtungsgefühl unserem Glauben gegenüber. Wir sind frei und fähig zu einem guten und liebevollen, ja göttlichen Blick auf unser Kind.

Jesus selbst ist der erste Königssohn vor allen anderen. Er erinnert uns an den göttlichen Kern unserer Kinder und küsst es wach, dieses rosig schlummernde Wissen.

Das Wissen um die Goodness, um die Gutheit deines

Kindes wird dich verändern.

Es wird deinem Kind geben, was es braucht:

Eltern, die das Gute in Kindern sehen.
Eltern, die das Göttliche in ihnen sehen.
Und Eltern, die beides in sich selbst sehen.

Das ist das Ziel dieses Buches.

Dieses Thema ist alt. Damit hatte die Lektorin recht.
Aber bekannt ist es deshalb noch lange nicht.
Geschweige denn: lebendig.

Doch jetzt, jetzt ist es erwacht:

Das Gute im Kind.

Er mischt die Karten neu.

Jesus stellt sich als Vorbild neben Vorbilder.
Sortiert Irdisches zum Himmlischen.
Menschliches zu Göttlichem.

Licht zu Licht.

Stellt sich zu den Bewohnern des Himmels.
Zu deinem Kind.

Zum Göttlichen in Kindern.

Zu ihrem Ursprung. Zu ihrem Sein.
Zu ihrer Herkunft. Zu ihrem Kern.

Zu ihrer Größe.

1. Dein Kind

Du findest dich stehend am Rand einer großen Menschenmenge inmitten der Stadt. An deiner rechten Seite: dein Kind. Es schaut zu dir herauf, du lächelst ihm zu. Dann hebst du deinen Blick und lässt ihn wandern. Alle sind gekommen, jung und alt, arm und reich. Da erblickst du: Jesus! Bedrängt von vielen, steht er nur ein paar Meter von dir entfernt. Voller Freude ihn zu sehen, willst du dein Kind hochheben, damit es auch besser sehen kann. Doch deine Hände greifen ins Leere, der Platz neben dir, plötzlich frei. Dein Kind ist fort. Du zuckst zusammen und schaust erschrocken wieder zu Jesus hinüber.

Gerade kniet er sich zu Boden und neigt seinen Kopf dabei herunter – zu einem kleinen Kind. Das ist nicht irgendein Kind, nein, du erkennst den kleinen wilden Lockenkopf sofort: Es ist dein Kind! Du atmest auf.

Jesus schaut deinem Schatz in seine neugierigen großen Augen, breitet seine Arme weit aus und nimmt es liebevoll an sein Herz, in seine Arme. Für drei lange Sekunden herrscht göttliche Vertrautheit in ihrer reinsten Form. Es kommt zusammen, was zusammen gehört. Du siehst deinen Sprössling in seinen Armen und spürst keine Zeit mehr verstreichen, sondern die Ewigkeit beginnen. Das Herz deines Kindes schlägt nahe am Herzen des Hirten. Da flüstert Jesus leise Worte in das Ohr deines Kindes. Gespannt versuchst du etwas zu verstehen, doch nicht ein Wort dringt zu dir durch.

Jesus steht auf, nimmt dein Kind hoch. Hebt es von der Erde zum Himmel. Von unten nach oben. Stellt es dann in die Mitte, in den Fokus der Menschenmasse, direkt in dein Blickfeld und spricht, während er auf dein Kind verweist:
„Werdet wie die Kinder, denn ihnen ist das Reich der Himmel!“

Dieser Rat ergibt sich aus zwei Textstellen der Bibel. In der ersten finden wir den Aufruf, Kindern ähnlicher zu werden:

„Und Jesus rief ein Kind herbei, stellte es in ihre Mitte und sprach: ‚Wahrlich, ich sage euch: Wenn ihr nicht umkehrt und **werdet wie die Kinder**, so werdet ihr nicht in das Reich der Himmel kommen!'" (Matthäus 18,2+3; Schlachter 2000[1]).

Und hier die Begründung, warum wir ihnen ähnlich werden sollen:
„Aber Jesus sprach: ‚Lasst die Kinder und wehrt ihnen nicht, zu mir zu kommen; **denn solcher ist das Reich der Himmel!**'"(Matthäus 19,14).

Ja, wir hören richtig! Kinder! Vor Gottes Haus stehen kleine Schuhe, dicht an dicht. Kreuz und quer verteilt und von jeder Farbe mindestens ein Paar. Ganz unterschiedlich sehen sie aus, doch haben sie alle eines gemeinsam, nämlich: ihre Winzigkeit! Denn es sind kleine Schuhe. Kinderschuhe! In die wir Großen nicht passen.

Und er sagt noch mehr: Jesus sagt, wir sollen wie die Kleinen sein, sie uns zum Vorbild nehmen, damit wir zu ihm hereingebeten werden. „Werdet wie die Kinder!" und Gott öffnet euch die Tür zu seinem Zuhause – welches jetzt schon ein Haus voller Kinder ist. Bei ihm ist

---

[1] *Sofern nicht anders angegeben, zitiere ich bei allen Bibelstellen aus der Schlachter 2000-Übersetzung.*

ihr Wohnrecht. Schon jetzt, für immer. In Gottes Wohnzimmer. Auf seiner Couch.

Wir leben in einer Welt, die an Jesu Worte erinnert werden möchte. Eine Welt, die aufgehört hat oder noch nie wirklich begonnen hat, das Gute im Kind zu sehen. Ihre Vorbildlichkeit wahrzunehmen. Oder hast du schon einmal jemanden sagen hören: „Mein Vorbild, klar, das ist das kleine Kind dort hinten im Sandkasten!"? Aber genau das ist es, was Jesus mit seinen Worten an unser Elternherz legt.

Er gibt uns damit das effektivste und kürzeste Elterncoaching, das die Welt je gesehen hat! Ganz gleich, wo du dich in deiner Elternschaft gerade befindest, ob zu Beginn, also kurz nach der Geburt deines ersten Kindes oder schon seit vielen Jahren erfahren als Mama oder Papa eines Teenagers: Seine revolutionären Gedanken über Kinder werden dich und deine Elternschaft verändern!

Vermutlich sind dir Jesu Worte ebenso wichtig wie mir. Ganz gleich, zu welchem Thema er spricht, du willst das weise Wissen, das er uns zur Verfügung stellt, umsetzen. Seine Worte haben für uns Gewicht, sie sind uns nicht gleich. Genau deshalb hat dieser Satz über die Vorbildlichkeit von Kindern die Kraft, uns zu ermutigen und den Fokus unserer Elternschaft auf das Gute im Kind zu richten.

Seine Worte führen uns weg vom Korrigieren- und Verbessernwollen unseres Kindes, hin zu einer Haltung, die das Gute in Kindern unterstützt, nährt und schützt. Seine Weisheit und Wahrheit über Kinder sprudelt aus einer reinen Quelle für uns Eltern hervor. Führe deine Hände zusammen, tauche sie wie eine Schale unter die Wasseroberfläche, schöpfe und trinke göttliche Gedanken über dein Kind aus dieser! Und nimm sie in dich auf, seine Worte voller kostbarer und heilsamer Liebe! Ganz gewiss fühlst du dich schon jetzt erfrischt von seinen revolutionären Gedanken.

Doch halt:

„Warum sollten Kinder unsere Vorbilder sein?" fragen wir uns.
Warum zeigt er uns nicht andere Vorbilder?
Welche auf unserer Augenhöhe! Erwachsene!

Wie zum Beispiel die Lehrer aus den Synagogen, die Schriftgelehrten, die den ganzen Tag die göttlichen Weisheiten studierten und anderen den Weg weisen konnten? Oder die Einflussreichen dieser Welt, Könige, die alles überblicken und Entscheidungen von immenser Tragweite treffen konnten? Oder wie wäre es mit den stärksten Kämpfern großer Heere, die den härtesten Kampf überlebten?

Nein, Jesus entscheidet sich für kleine Kinder.

Was sieht er Gutes in ihnen?
Um das zu beantworten, lass uns beim Guten höchstpersönlich vorbeischauen.

Wir sind von diesem Guten. Von diesem guten Gott.

Woher kommt es also, das Gute in uns? Von ihm!

Woher kommt es also, das Göttliche in uns? Von Gott!

2. Dein Gott

Und auch, wenn wir manchmal nicht zu wissen meinen, wie Kinder sind.
Eines wissen wir: Gott ist gut!

„Was fragst du mich über das **Gute**? *Einer* ist **gut**" (Matthäus 19,17; Elberfelder CSV).

Oder in einer anderen Übersetzung:

„...Was nennst du mich **gut**? Niemand ist **gut** als Gott allein!..." (Matthäus 19,17).

Das sagt Jesus. Über Gott.

Einer ist *gut*. Gut, ein Wort, das selbst Jesus nicht für sich selbst als Beschreibung in Betracht ziehen mag.

Wie können wir also Kinder umschreiben, wenn Jesus das Wort *gut* nicht einmal für sich gelten lässt?

Ich persönlich habe mich für das Wort göttlich entschieden. Wir alle sind göttlich. Göttlichen Ursprungs, göttlicher Natur. Von einem wahrhaft Guten.
Dem Guten persönlich. Und dieser ist Gott.

Wir sind von diesem Guten. Von diesem guten Gott.
Woher kommt es also, das Gute in uns? Von ihm!
Woher kommt es also, das Göttliche in uns? Von Gott!

Das kleine Wörtchen „gut“ kann also alleinig Gott absolut treffend beschreiben. Nicht den Menschen. Und auch Jesus selbst will es nicht für sich in Anspruch nehmen.

Gottes *Goodness*, also sein Wesen, sein Zustand der „Gutheit“, wurde uns nun von Jesus bezeugt. Jetzt lass uns zusammen den Ausdruck seines Wesens, sein „Gutsein“, wie das Wort *Goodness* auch übersetzt werden kann, betrachten.

Werden wir darüber staunen? Ja!

Denn die folgenden zwei Attribute, diese zwei Besonderheiten seines Wesens, hat er als sein göttliches Erkennungszeichen in unseren Kindern angelegt.

Licht
„Und das ist die Botschaft, die wir von ihm gehört haben und euch verkündigen, dass Gott **Licht** ist und in ihm gar keine Finsternis ist“ (1. Johannes 1,5).

Wenn ich meine kleine Tochter am Morgen auf meine Arme hebe, strahlt sie mich an. Da ist Licht in ihren Augen. Ein Funkeln und Strahlen, welches nicht von mir stammt. Eine Lebensfreude kommt aus ihr hervor, mit der sie ihr Umfeld ganz für sich einnimmt.

Göttliches Licht, es strahlt in Kindern!
Und es bewirkt, wie das Licht der Sonne, quirlige Lebendigkeit in ihnen.

Sie balancieren auf Bordsteinkanten, hüpfen auf einem Bein, düsen auf ihren Laufrädern um Kurven und strecken dabei die Füße in die Luft. Sie rollen sich von Kissenbergen, die sie auf unseren Betten errichten und drehen sich mit ausgestreckten Armen im Kreis, bis sie müde zu Boden sinken. Sie reißen den Mund weit auf, kneifen die Augen zu und werfen den Kopf nach hinten, wenn sie lachen. Sie klettern auf Bäume, springen vertrauensvoll in die Tiefe, rennen um die Wette, klatschen in die Hände und sitzen gefühlt niemals still.

Ohne Licht gäbe es kein Leben. Kein Same würde aufgehen, kein Halm wachsen und keine Blume ihre Knospe öffnen.

Ohne Licht bliebe alles wüst und leer. So wie die Erde, bevor Gott ihr sein Licht schenkte.

Doch in uns, da war es nie wüst und leer, nie graue Leere, sondern die Helligkeit des erwachten Tages.

Gottes Erkennungszeichen an unseren Kindern ist ihre

unverwechselbare Lebendigkeit, welche vom göttlichen Licht gespeist wird.

Liebe

Das zweite Merkmal göttlichen Gutseins ist: die Liebe.

Gott ist der Gott der Liebe!

„...haltet Frieden; so wird der Gott der **Liebe** und des Friedens mit euch sein“ (2. Korinther 13,11).

Wenn die große Schwester der kleinen auf der steilen Treppe die Hand zur Hilfe reicht oder die Lieblingsnudeln geteilt werden.

Wenn nach einem Geschwisterstreit voller Geschrei und Tränen im darauffolgenden Moment einfach wieder innig zusammen gespielt wird. Oder wenn mir, nach meiner Schimpftirade in den frühen Morgenstunden, verziehen wird und ich abends trotzdem einen Kuss auf die Stirn und eine Liebesbekundung ins Ohr geflüstert bekomme.

In unzähligen solcher Momente lässt sich die göttliche Liebe in Kindern entdecken.
Kinder sind Gottes erschaffenes Werk, sein Kunstwerk, deshalb können wir seine Gottheit an ihnen wahrnehmen und erkennen: seine Liebe und sein Licht.

„...denn sein unsichtbares Wesen, nämlich seine ewige Kraft und Gottheit, wird seit Erschaffung der Welt **an den Werken** durch Nachdenken wahrgenommen..." (Römer 1,20).

Vor Sonnenaufgang

Versteckt in Kinderherzen:
Ein Schatz leise schlummernd ruht!

Achtsam hineingelegt vom Vater.
Warm zugedeckt mit Leben.

Nun reckt und streckt er sich freudig.
Zum Aufwachen und Erscheinen bereit.

Doch in uns, da regt sich Besorgnis!
Es ist die Stimme der Nacht, die verstohlen flüstert:

Es wird Böses mit dem Kinde erwachen!

So treten wir sehr ängstlich,
die Augen mit den Händen verhüllt,
ein Stück näher an die Wiege heran.

Da wächst unser Herz ganz plötzlich!

Dehnt sich über unsere Besorgnis hinaus,
wie die Sonne am Morgen über den Horizont.

Von den ersten hellen Strahlen
berührt sind unsere Augen!

Unsere Hände sinken nieder und unser Blick verweilt
auf unserem Kind:

Es ist erwacht!

Ein guter Kern. Ein göttlicher Schatz.

In Kleinen.

3. Dein Feind

Wir alle sind von einem Höheren. So steht es schon am Anfang der Bibel:

„Und Gott schuf den Menschen in seinem Bild, im Bild Gottes schuf er ihn...“ (1. Mose 1,27a).

Wir alle sind von diesem guten Gott.
Das Wesen und der Ursprung unserer Kinder ist folglich eines nicht: böse. Wer aber zu Recht so betitelt werden darf, ist uns klar: der Teufel.

In diesem Kapitel verrate ich dir, was das größte Ziel Gottes Widersachers, des Bösen, ist! Und was schon immer Gottes Ziel mit uns war.

Diese komplett entgegenstehenden Motivationen, des

Bösen und des Guten, zu erkennen, ist der Schlüssel für eine einfach göttliche und unerschütterlich liebevolle Elternschaft.

Das Ziel des Teufels ist:

Distanz schaffen!

Distanz zwischen Gott und der Welt.
Zwischen Jesus und den Menschen.
Zwischen uns und unseren Kindern.

Die größte Distanz, die es zwischen uns und unseren Nächsten geben kann, ist der Tod. Wir erfahren im folgenden Vers, dass Jesus kam, um dem Teufel die Macht über den Tod zu nehmen.
„... damit er durch den Tod den außer Wirksamkeit setzte, der die Macht des Todes hatte, nämlich den Teufel" (Hebräer 2,14b).

Jesus machte durch seinen Tod Nähe und Verbindung über den Tod hinaus möglich. Denn Gott will uns nahe sein und uns durch seine Nähe Kraft geben, um Frucht zu bringen. Er will nicht getrennt sein von uns.

„Ich bin der Weinstock, ihr seid die Reben. Wer in mir bleibt und ich in ihm, der bringt viel Frucht; denn **getrennt von mir**[1] könnt ihr nichts tun" (Johannes 15,5; [1] od. *„ohne mich/außerhalb von mir"*)

Wie erzeugt der Teufel diese Distanz? Immer auf dieselbe Art und Weise: Er packt sich eine Schaufel, gräbt ein tiefes Loch und pflanzt eine Dornenhecke hinein. Zweifel sind wie Dornenhecken. Ganz gleich, von welcher göttlichen Wahrheit sie uns fernhalten wollen, ob vom guten Denken über unsere Kinder, ob vom Vertrauen auf die Gnade Gottes, die er uns schenkt oder von der Zuversicht auf das ewige Leben.

Zweifel sind Abstandhalter zu göttlichen Wahrheiten. Diese sorgen ausschließlich dafür, dass wir in ängstlicher Distanz verharren wie die Königssöhne vorm Schloss. Diese Distanz jedoch führt zu weiteren Zweifeln an Gottes Worten. Ein Teufelskreis, der keinen passenderen Namen tragen könnte.

Schon bei seinem ersten Auftritt auf dieser Erde pflanzt der Böse in Gestalt der Schlange eine solche Dornenhecke. Er zischt: „Sollte Gott wirklich gesagt haben..." (1. Mose 3,1) und schürt damit in Eva den ersten Zweifel an Gottes Worten. Eva entzieht daraufhin Gott ihr Vertrauen und schenkt es den Worten eines Tieres. Das Annehmen dieses Zweifels führt also zum Misstrauen Gottes Worten gegenüber, zum Verzehr der Frucht und schlussendlich führt es Adam und Eva raus aus dem Paradies. In die Distanz.

So schaffte der Böse Distanz zwischen Gott und seiner Welt. Jesus jedoch ist Profi darin, Distanz zu überwinden. Oder sie erst gar nicht entstehen zu lassen, wie im Beispiel mit den Kindern deutlich wird:

Jesus ruft sie zu sich. Und er korrigiert damit die Jünger, welche die Kinder abhalten wollten. „**Lasst die Kinder**

und wehrt ihnen nicht, zu mir zu kommen; denn solcher ist das Reich der Himmel!"(Matthäus 19,14).

Und nicht nur er lädt Kinder in seine Nähe ein, sondern auch Gott öffnet ihnen sein himmlisches Wohnzimmer, wie wir im ersten Kapitel gesehen haben. Während wir uns noch verändern dürfen, ihrem Vorbild gemäß, zählen sie schon jetzt zu den Bewohnern des Himmels. Nah an Gottes Herz.

Und auch die Tatsache, dass Jesus auf die Erde kam und nicht von oben herab eine Nachricht schickte, sondern extra als Mensch in unsere Nähe kam, zeigt deutlich:

Nähe ist ein göttliches Prinzip!

Sein oberstes Ziel war immer, Nähe zu schaffen!

Zwischen Jesus und den Menschen.
Zwischen Gott und der Welt.
Zwischen uns und unseren Kindern.

Doch nicht nur räumliche Nähe wünscht sich Gott zu uns. Er wünscht sich auch unsere Nähe zu seinen Wahrheiten.

Auf die Elternschaft bezogen heißt Nähe zu den göttlichen Wahrheiten aufzubauen, Gottes Worten und damit seinem positiven Blick auf Kinder unser Vertrauen zu schenken.

Wie wir unsere Kinder sehen und was wir von ihnen

denken, beeinflusst unweigerlich unsere Haltung ihnen gegenüber.

Sind unsere Gedanken von einem negativen Kindesbild geprägt, suchen wir weniger nach Gutem und sehen öfter „böses“ Verhalten, als wenn wir in das positive, göttliche Kindesbild vertrauen. Das scheinbar böse Verhalten von Kindern hat aber in den meisten Fällen gar keine böse Absicht.

Sie wollen andere nicht wirklich verletzen oder ihnen schaden, sie bedienen sich nur der Ausdrucksmöglichkeiten, die ihnen bislang, in ihrem zarten Alter, zur Verfügung stehen. Wo Impulskontrolle erst heranwächst, können wir nicht davon reden, dass das kleine Kind „böse“ sei. Auch dann nicht, wenn es seinem Sandkastenfreund schwungvoll die Schaufel über den Kopf gezogen hat. Und wir können klein Lotta auch nicht als egoistisch verurteilen, nur weil sie ihre geliebte Puppe nicht mit klein Anette teilen möchte.

Genauso wenig ist Mäxchen gleich in die Kategorie „ungehorsam“ einzuordnen (was mir vorkommt, als würde es synonym für böse benutzt), weil er seinem Onkel, der ihm noch zu fremd ist, nicht die Hand geben möchte. Kinder handeln nicht bewusst böse, vor allem nicht in sehr jungen Jahren, oder sündigen gar auf diese Weise.

Und auch die Worte, die wir für sie finden und über sie mit der Welt teilen, sind von unserem inneren Bild vom Kind bestimmt.

Das, was viel zu schnell böse benannt wird, hat doch in Wirklichkeit nichts mit dem wirklich Bösen zu tun.

Was aber, wenn das Verhalten deines Kindes wirklich einmal böse gemeint sein sollte?

Wäre dann nicht Distanz als Antwort genau das Richtige? Nein.

Diese wird auch dann, oder gerade dann, nicht zum göttlichen Prinzip. Göttliche Liebe zeigt sich unabhängig vom Verhalten, deshalb gilt hier:

„Lass dich nicht vom Bösen überwinden, sondern **überwinde das Böse durch das Gute!**" (Römer 12,21).

Ganz praktisch heißt das, deine Elternschaft nach dem göttlichen Prinzip der Nähe zu gestalten. Alles zu tun, was dich trotz des Verhaltens deines Kindes in liebevolle Verbindung und wärmende Nähe zurückbringt und diese stärkt.

Die Früchte des Geistes aus Galater 5,22 zeigen eine große Auswahl an Prinzipien, auf die wir uns mit unserer Reaktion fokussieren sollten:

„Die Frucht des Geistes aber ist **Liebe, Freude, Friede, Langmut, Freundlichkeit, Güte, Treue, Sanftmut, Selbstbeherrschung.**"

Wenn es uns gelingt, diese Prinzipien in unserer Elternschaft lebendig werden zu lassen, dann schaffen wir zwischen uns und unserem Kind Nähe ohne Angst, Misstrauen oder Zweifel. Eine vertrauensvolle und enge Verbindung entsteht.
Außerdem binden wir unser Kind eng an das Herz Gottes und machen es mit Jesu Wesensart, welche sich in den Früchten des Geistes deutlich zeigt, mit seinen Umgangsformen und seinen Werten bekannt.

Es gibt also viele bessere Alternativen zu dem Gebrauch von Distanz. Alle Prinzipien, die Distanz als heilsam anpreisen, dürfen wir loslassen. Dann wird kein Kind alleine in einer Ecke sitzen müssen, aufs Zimmer geschickt werden, den stillen Stuhl kennenlernen oder alleine zurückbleiben, während andere weitergehen. Kein Kind wird mehr mit Anschweigen gestraft werden oder erdulden müssen, angeschwiegen und ignoriert zu werden. Denn all diese Dinge bringen uns in die Distanz zu unserem Kind, sie verletzen und zielen darauf ab, das kindliche Verhalten durch den Schmerz, der Distanz auslöst, zum gewünschten Verhalten zu verbiegen.

Ich bin mir sicher, du selbst als Mama oder Papa gebrauchst diese Dinge entweder ohnehin nicht oder wirst spätestens nach diesem Kapitel keinen Wert mehr in ihnen sehen. Denn du weißt jetzt, wohin euch das führt: Dorthin, wo du nicht hin willst. In die Entfernung. In die Distanz.

Elterliche Zweifel am göttlichen Prinzip der Nähe zu säen, sind bloß eine Strategie des Bösen, dem wir niemals unser Vertrauen schenken sollten. Diese Zweifel gilt es immer wieder zu erkennen und zu entkräften, um wieder neues Vertrauen in Gottes Worten zu finden.

Auf deiner nackten Babyhaut: Warmer Wind.
Du, meine Tochter, sitzt im Gras.
Mit mir. Im Sommer.

Da neigt sich dein Kopf nach unten, dein Blick wandert zu deinem kleinen runden Bauch. Ein Stupser mit deinem süßen Zeigefinger auf diese runde Mulde. Dann noch einer.

Du bist fasziniert, eine fast kreisrunde Vertiefung an deinem Körper zu sehen. An deinem Bauch. Ein Stück Erinnerung trägst du an dir. So wie jeder von uns.

Dieser Nabel ist platziert wie ein Denkmal für uns oft so vergessliche Menschen. Er erinnert an die Zeit der Verbundenheit zu unserer Mutter, als wir in ihr herangewachsen sind. Ja, wir alle waren abhängig und verbunden mit etwas Größerem als uns selbst, damit wir mittels eines starken Bandes, der Nabelschnur, versorgt wurden. Durch sie erhielten wir Kraft und was sie uns gab, ließ uns wachsen.

Heute kommen wir alle ohne diese sichtbare Schnur aus. Eine hinter uns liegende, fast unsichtbare Zeit prägt uns. Und mit ihr ruht in unserem Zentrum die Weisheit darüber, warum wir Menschen sind, wie wir sind. Warum wir auch nach der Geburt Nähe, Zuwendung, Liebe und besonders diesen Jemanden brauchen, damit es uns gut geht.

Sie gibt Aufschluss über unsere Antriebe und Motivationen. Warum wir so gern ausgestreckte Hände ergreifen, eine Umarmung halten, einander in die Augen schauen und, wenn wir dabei von uns erzählen, auch auf eine Antwort warten.

Wir suchen die Verbindung, denn wir sind es gewohnt, verbunden zu sein. Es wird klar, warum wir ohne Gemeinschaft nicht gut leben können. Warum Isolation, Ausgrenzung und Einsamkeit unsere Spezies so tief schmerzt.

Verbunden, das waren wir also, bevor wir uns dafür entscheiden konnten. Bevor wir uns dazu entschieden hatten, auf die Bindung zu unseren Kindern ein besonderes Augenmerk zu richten, hatte Gott sich dafür entschieden. Nämlich dafür, jedem Menschen diesen Prägepunkt durch die vorgeburtliche Zeit im Bauch mitzugeben. Er erinnert uns. Er entschied sich für diesen „Punkt" in unserer Mitte. Gott ließ und lässt uns als Bindungswesen heranwachsen. Ihm ist Verbundensein wichtig!

Es gibt so viele Wege, sich wieder mehr verbunden zu fühlen mit seinem Kind. Beginnen wir mit unserer Aufmerksamkeit. Konzentrieren wir uns nur auf diesen kleinen geliebten Menschen.

Was passiert?

Schon nach kurzer Zeit – Blickkontakt. Dann ein Schmunzeln, dann ein gegenseitiges Zulächeln. Ich bin mir sicher, es wird nicht lange dauern, da tapsen unsere

Kinder auf uns zu und sprechen damit ein „Ja" zu unserer Einladung aus, in Verbindung mit uns zu sein.

Bist du auch so fasziniert über diesen Erinnerungspunkt, so wie meine Tochter, und über die Weisheit, die er mit sich bringt?

Neige deinen Kopf nach unten. Schau an dir hinunter. Denke nicht an Sixpack, Bauchmuskelübungen oder voll Reue an die letzte Süßkram-Session. Denke an deinen Kern und an das, was dich stärkt.

Denke an deinen Schöpfer und an die Verbindung zu ihm, der uns alle als Bindungswesen erdacht hat und uns diesen Erinnerungspunkt gesetzt hat.

Wende dich an den, der mit uns in Kontakt sein möchte. Richte deine Aufmerksamkeit auf ihn.

Spüre Blickkontakt.

Dann ein Schmunzeln und ein gegenseitiges Zulächeln.
Und laufe so die ersten Schritte auf ihn zu.
Zu dem, der uns versorgt. Und spüre sein „Ja" zu dir.

Du bist lebendig durch Verbindung.
Von Anfang an.

In der Verbindung zu ihm ist unerschöpflich Kraft.
Unser Leben lang und darüber hinaus.

Danke. Father of contact himself.

4. Deine Kraft

Hier kommt sie. Die Antwort auf die anfängliche Frage, warum Jesus uns rät, Kinder als Vorbilder zu wählen anstelle von Erwachsenen.

Springen wir zurück: Du erinnerst dich bestimmt an die Geschichte vom Anfang? Als ich dir von Jesus und deinem Kind erzählt habe. Dein Kind wurde von ihm in der Mitte der Menschenmenge hochgehoben und alle blicken gespannt auf dieses süße, kleine Wunder, welches allen Vorstellungen Jesu von einem echten Vorbild entspricht.

Diese Begebenheit hat eine Vorgeschichte. Sie entstand dadurch, dass die Jünger die Machtfrage unter sich klären wollten.

„...Wer ist wohl **der Größte** im Reich der Himmel?" (Matthäus 18,1b), fragten sie sich.

Das menschliche Begehren nach Macht macht vor den Jüngern nicht halt. Denn auch sie drängt die Frage, wer der Größte ist, wer die meiste Macht bekommt.

Ich jedoch frage mich: Waren sie sich darüber bewusst, dass mehr Macht ausüben zu können sie entfernen kann von ihrem göttlichen Sein? Dass Macht sie nur allzu schnell hart, gemein oder gewalttätig werden lassen kann? Dass wir durch diese andere schneller vergessen, wenn wir nur an unseren eigenen Vorteil denken?

Jesus antwortet ihnen Folgendes: „‚Wenn jemand **der Erste sein will**, so soll er **der Letzte** von allen und der Diener aller sein.‘ Und er nahm **ein Kind** und stellte es in ihre Mitte...“ (Markus 9,35+36).
Das Kind ist Jesu Antwort für die Jünger.

Und das hat einen Grund:

Das, was Gott in Kindern angelegt hat, würde vermengt mit Macht zerstört werden. Gott entschloss sich darum, das Innere dieser kleinen Menschen, ihr Heiligtum, wie durch einen Vorhang zu schützen. Hinter den die Macht keinen Zutritt hat.

„...denn wer **der Kleinste ist** unter euch allen, der ist **groß**“ (Lukas 9,48b).

Das Kind. Das Kleinste. Das mit dem niedrigsten Ansehen. Es ist groß.

Wir wissen: Gott gab Kindern keine Macht! Sie kommen bedürftig und absolut abhängig von uns zur Welt. Wie jeder von uns. Sie besaßen nie Macht über andere. Und das ist gut so, denn die Möglichkeit, Macht über andere auszuüben, zieht uns schnell weg von unserem guten göttlichen Sein.

Macht als Werkzeug in menschlichen Händen bereitet viel zu oft Schmerz, Leid und Krieg. Leicht gebrauchen wir sie, um lieblos, rücksichtslos und verletzend zu agieren, anstatt voll Nächstenliebe den anderen zu sehen.

Doch Jesus wäre nicht Jesus, hätte er nicht auch für das Machtproblem eine Lösung für uns parat:

„Wer nun sich selbst **erniedrigt wie dieses Kind**, der ist **der Größte** im Reich der Himmel"(Matthäus 18,4).

Er ruft uns zu: Legt diese Macht ab! Die Macht dieser Welt, und werdet so mächtig wie ein Kind. Erniedrigt zu sein wie ein Kind bedeutet, die Macht, die wir Erwachsenen haben, nicht – oder zumindest nicht zum Schlechten – zu gebrauchen.

„Und Jesus trat herzu, redete mit ihnen und sprach: ‚**Mir ist gegeben alle Macht** im Himmel und auf Erden'" (Matthäus 28,18).

Gott kann mit dieser Macht umgehen. Wir (meist) nicht.

Jesus macht es uns vor, indem er seine eigene Macht nicht gebraucht, als die Soldaten ihn verhaften. Petrus will kämpfen, verletzt einen Soldaten und Jesus heilt diesen daraufhin und wehrt sich nicht. Er setzt seine Macht nicht für einen Kampf ein. Nicht um anderen Schmerzen zuzufügen oder sie zu bedrängen, sondern um zu heilen und seine Liebe spürbar und erlebbar für die Menschen um ihn herum werden zu lassen.

Nun kennst du den Grund, warum Jesus Kinder vorbildlich nennt: Sie sind kleine Menschen – ohne Macht. Da sie sich dem, was sie zur Unabhängigkeit führen würde, nicht bedienen können, müssen sie im Land der Abhängigkeit wohnen bleiben. Das jedoch ist ihnen keine Last;

es ist ein Vorrecht, welches sie genießen.

Kinder brauchen keine Macht. Sie haben etwas Langlebigeres mitbekommen, das in ihnen wohnt. In ihnen wohnt: die Kraft der Verbindung.

Der Erkenntnis der eigenen Winzigkeit wohnt der Wunsch nach Verbindung mit etwas Größerem inne. Der Wunsch nach vertrauensvoller und verlässlicher Verbindung zu anderen (im Fall unseres Kindes zu uns Erwachsenen) mit mehr Macht.

Kennst du das auch? Eine Sehnsucht in dir, den Wunsch, mit etwas Größerem verbunden zu sein, dich versorgt und getragen zu wissen von Gott?
Er ist so viel größer als wir und kümmert sich um uns, so wie wir uns um unser nach Verbindung und Nähe strebendes Kind kümmern.

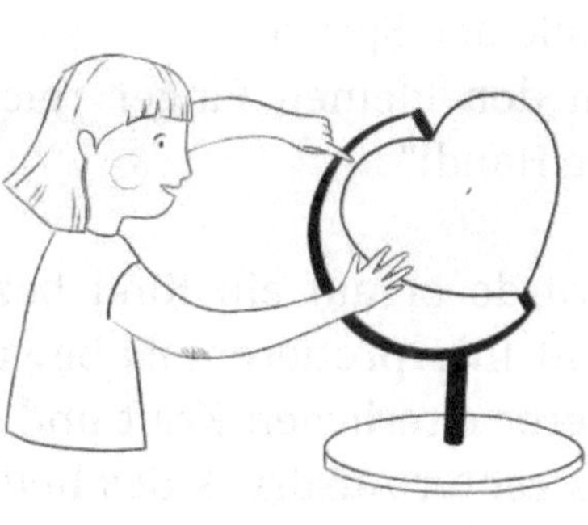

Wenn deine Tochter nachts weint oder dein Sohn nach dir ruft, wollen sie uns genau das deutlich machen. Sie wollen verbunden sein. Verbindung ist ihr Lebenselixier, ihr Wunsch, ihre Kraft. Ohne die Macht, sich selbst versorgen zu können, erleben sie liebevolle Zuwendung von uns. Dadurch wachsen sie und werden groß.

Deshalb krabbeln sie uns hinterher, wenn wir den Raum verlassen oder rufen: „Maaama, wooo bist duuu?“, wenn sie uns zu lange nicht gehört oder gesehen haben. Und das ist der Grund, warum sie auch dann noch nach unserer Hand greifen, wenn sie zum ersten Mal als Schulkind die Stufen des Eingangs betreten. Und viel lieber auf unserem Schoß sitzen möchten statt neben uns. Sie gibt ihnen Kraft, die Verbindung zu uns.

Was jetzt entscheidend ist:
Unsere Einstellung zum Nähebedürfnis unserer Kinder. Wie reagieren wir auf den großen Wunsch unserer Kinder nach Nähe?

Wir kennen ja alle den Spruch:
„Wenn du ihm den kleinen Finger reichst, nimmt er gleich die ganze Hand!"

Diesen Satz, würde er auf ein Kind bezogen werden, möchte ich nicht interpretieren als bewusstes Ausnutzenwollen unserer elterlichen Kraft und Fürsorge, sondern er darf als echter Ausdruck des Bedürfnisses nach mehr Nähe, die gesehen werden will, verstanden werden. Vielleicht war dieser Satz in seiner ursprünglichen Bedeutung auch einmal so gemeint. Ich weiß es nicht.

Unsere innere Haltung ist wieder einmal entscheidend für das, was wir wahrnehmen und wie wir unsere Kinder sehen.

Sehen wir: Das unersättliche, gierige, unverschämte Kind, das sich nie zufrieden gibt mit dem, was es hat? Oder: Ein Bitten um Unterstützung und mehr Verbindung?

Eine abweisende Haltung gegenüber dieser Sehnsucht unserer Kinder, uns nahe zu sein, erschwert unser Familienleben und richtet sich weg von dem zutiefst menschlichen Grundbedürfnis, dazuzugehören und sich sicher und geliebt zu fühlen.

Entdecken wir hingegen, dass dieses einander nahe sein wollen von Gott in unseren Kindern angelegt und somit ganz natürlich ist, können wir uns leichter öffnen und mehr Nähe zulassen, als wir sie vielleicht selbst als Kind erfahren haben. Wir geben dann mit geöffnetem Herzen und werden selbst zu einer Quelle der Liebe, aus der unsere Kinder schöpfen können – frei von den Ängsten, wir würden unsere Kinder verwöhnen oder sie würden unselbstständig werden.

Interpretieren wir also das Nähestreben unserer Kinder neu, das sich in ihrem immens starken Wunsch zeigt, mit uns zusammen sein zu wollen.
Macht, die wir haben, weil wir die Größeren sind, ist uns nicht gegeben, um für unsere Kinder zu entscheiden, ob es draußen kalt ist und wann sie frieren oder nicht. Auch nicht, damit wir es zur Bedingung fürs

Rausgehen machen, die Jacke anzuziehen. Wir haben sie nicht, um Kinder zu beschämen, sie lächerlich oder klein zu machen.

Macht, die wir haben, weil wir die Größeren sind, ist uns gegeben, um sie im guten Sinne für unsere Kinder einzusetzen. Um sie zu schützen, zu versorgen und zu lieben.

Früher, um sie vor dem berüchtigten Säbelzahntiger zu beschützen und heute, um die Angst zu vertreiben, die der Albtraum ihnen machte. Wir sind im Stande, sie auf unseren starken Schultern zu tragen, wenn die kleinen Füße schwer werden.

Und: Verzichten wir darauf, unsere Macht als Eltern in Kämpfen auszutragen. Gebrauchen wir die uns anvertraute Macht nicht zum Kampf, sondern zur Heilung und zum Beweis unserer Liebe. Dann nämlich, dann gebrauchen wir die Macht in Jesu Sinne und lassen uns nicht verleiten, sie für Grabenkämpfe zu benutzen.

Im Kontakt mit uns sind unsere Kinder zufriedener und wir: entspannter. Wir sind entspannter, wenn wir ihr Nähestreben als den Wunsch verstehen, etwas Größerem nahe sein zu wollen. Und wenn wir unseren eigenen Wunsch verstehen, etwas Größerem, unserem Gott, nahe sein zu wollen. Denn auch wir sind verbunden mit etwas Größerem, von ihm erhalten wir Kraft, er lässt uns wachsen. Wir Eltern, auch wir brauchen diesen besonderen Jemand, damit es uns gut geht.

Wir lehren unsere Kinder also durch unsere freundliche Reaktion auf ihren Wunsch, dass ihr gesundes Nähestreben, ihr Wunsch nach Verbindung ihrem guten Herzen entspringt und dem Ziel folgt, an etwas Größeres angebunden zu sein und dies vollkommen okay ist.

Es ist okay, von einem Mächtigeren versorgt werden zu wollen.

Es ist okay, sich mit etwas Größerem verbunden fühlen zu wollen.

Es ist okay, das zu wollen. Für dich selbst. In der Beziehung zu Gott.

Für dein Kind. In der Beziehung zu dir. Und später in der Beziehung zu Gott.

Die Kraft deiner Kinder, sie darf auch deine stärkste Superkraft sein:

Die Verbindung zum Mächtigen.

Suche mich!

Erblicke mich in jeder Kinderwiege.
Und erkenne mich im Glanz ihrer weiten Augen.

Suche mich in ihren ehrlichen Gesichtern.
Und finde mich in ihren zarten Herzen.

Triff mich in jeder fest umschlungenen Umarmung.
Und spüre mich in jedem nassen Kuss.

Ich bin dort, wo Schlösser aus Sandburgen sind.
Und krieche unter kichernden Decken hervor.

Ich bin nicht zu groß, um hier zu sein.
Nicht zu groß, um bei dir zu sein.
Um im Kinderherz zu sein.

Ich bin nicht zu klein, um hier zu sein.
Nicht zu klein, um bei dir zu sein.
Um in deinem Herz zu sein.

Immer werde ich hier zu finden sein.

Suche mich!

5. Dein Herz

Unser Herz ist mit der Fähigkeit ausgestattet, sich zu bewegen. Wir können nicht nur unseren Körper bewegen, gehen, springen oder klettern, sondern auch unser Herz besitzt diese Fähigkeit. Es kann sich öffnen und schließen. Aufnehmen und wieder hergeben. Anspannen, hart werden und loslassen, sich entspannen.

Es ist immer in Bewegung. Besonders, wenn wir Gefühle durchleben. Wenn wir lachen, weinen oder frustriert sind. Dass wir all das und noch viel mehr durchleben und fühlen können, auch das integrierten nicht wir in den Bauplan des Menschen, sondern Gott. Er hat uns diesen wunderbaren inneren Bewegungsspielraum – unser Herz – geschenkt.

Und so ist unser Herz nicht aus Versehen so, wie es ist. Nicht zufällig hat es die Form, die es hat. Wie aus flüssigem Gold hat Gott unser Herz gegossen, und er hat dies nach dem Abbild seines eigenen Herzen getan – groß und weit, voller Liebe und Leben, unendlich kostbar, ein Herz wie aus Gold. Gottes Herz hat, genau wie unseres, die Fähigkeit, den bunten Regenbogen der Gefühle zu durchleben.

Er ist kein Stein, reglos und starr. Er bewegt sich. Er kommt dir entgegen. Er öffnet seine Arme. Oh ja, er öffnet sein Herz für dich.
Wie Musik schlägt unser Herz. Doch nicht immer in demselben Rhythmus. Manchmal, da will es schneller werden oder noch ruhiger als gewöhnlich verweilen.

Nach welchem Takt deinem Herzen zu Mute ist, entscheidet der Gast, der gerade dein Herz besucht. Diesen Gast nennen wir: dein Gefühl.

Tritt ein! Reiche den Gästen in diesem Festsaal deines Herzens die Hand und tanze mit ihnen. Mit deinen Gefühlen. Heute heißen wir Freude, Trauer und Frustration willkommen. Hier, im königlichen Festsaal unserer Emotionen.

Das Lieblingslied der Freude erklingt, als sie die Tanzfläche betritt. Schon wippt sie mit dem Kopf, dann mit den Schultern, auf und ab, und federt in den Knien. Ihre Songs kennt jeder, es sind die Ohrwürmer der guten Zeiten. Ihr Kleid sitzt locker, doch zeichnet es klar ihre Schönheit ab. Ihre Augen funkeln und erwecken in ihren vielen Freunden, die um sie herum wie Schmetterlinge schweben, neue Kraft, Leichtigkeit und Zuversicht. Sie ist bei allen beliebt. Will mit allen in Kontakt sein. Ist nie allein. Wenn sie nicht da ist, werden alle sie vermissen und nach ihr suchen.

Ganz anders bewegt sich Trauer. Sie wiegt sich auf der Tanzfläche hin und her. Ganz langsam schlägt der Takt deines Herzens, wenn du mit ihr tanzt. Ganz getragen bewegt ihr euch dann. Wiegt euch. Trauer macht keine großen Schritte und hüpft auch nicht. Sie zieht ihre Füße schwer über den glatten Boden, genau wie ein Schlittschuh über das Eis gleitet. Sie tanzt langsam. Mit geschlossen Augen, zu den sanften Klängen der Musik. Manchmal, da hört die Trauer keiner. Nimmt niemand sie wahr. Und oft, da ist ihr Gewand so schwer und ausladend geschnitten, dass sie den gesamten Raum des Saales einnehmen muss. Kein anderes Gefühl wird mehr einen freien Platz zum Hinsetzen finden, wenn die Trauer erst einmal ihr blaues Samtkleid im Palast des Herzens dreht. Und dreht und dreht, so lange um sich selbst, bis sie, erleichtert von ihrer Schwere, vom Boden abhebt, um bei ihrem nächsten Erscheinen von vorne zu beginnen.

Die Emotion des Frustes ist ähnlich intensiv, betritt dein Herz aber nicht mit feinen Lackschuhen und einem Ballkleid, sondern mit festen Schuhen und wütendem Schritt. Sie lässt dein Herz schnelle Beats schlagen. Wild wirbelt sie ihre Arme und Beine um sich. Egal, was die anderen denken, egal, was sie sagen. Sie tanzt alles heraus. Sie tanzt allein. Und so gibt sie sich, als bräuchte sie niemanden.

Doch alle Emotionen rufen insgeheim nach einer: nach der Liebe.

Sie ist die Königin des Schlosses, die Mutter von allen. Die Krone der Weisheit. Sie versteht sie alle. Alle deine Emotionen. Wenn sie den Festsaal betritt, neigen alle anderen ihre Köpfe. Ihre Regeln gelten hier. Deshalb darf auch jede Emotion hier tanzen und einmal den Takt des Herzensraumes bestimmen. Sie weiß, dass sie ihre Macht nicht verliert, wenn sie diese teilt. Denn keiner kann ihr das Regiment abnehmen, es ihr stehlen. Alle sind sie von ihr abhängig. Denn ohne sie kann kein Gefühl wahren Frieden finden. Nicht Trauer, nicht Frust oder Freude. Kein Gefühl.

Gott ist der Mächtigste im Schloss, der Vater von allen. Von allen Emotionen. Die Krone der Weisheit trägt er. Er versteht sie alle. Alle deine Emotionen.
Er teilt seine Macht mit dir, du bist seine Tochter, sein Sohn. Also fragt er dich, anstatt es selbst zu entscheiden:

Wem traust du dich zum Tanz die Hand zu reichen? Wen lässt du in den Festsaal deines Herzens treten?

Meine Tanzkarte ist voller Liebe. Doch muss ich gestehen, dass ich auch die Eigenarten der anderen manchmal sehr schätze. Denn wenn wir immer nur im Takt der Liebe schwelgen würden, dann entstünde eine lange Schlange vor unseren Herzenstüren, die ungeduldig wartet, auch einmal zum Tanz aufgefordert zu werden. Ganz gleich, für wen du dich entscheidest: Lass am Ende jedes Tanzes die Liebe die Führung übernehmen, so dass Frieden einkehren kann.

Also traue ich mich mehr und mehr, auch den anderen Gefühlen die Hand zu reichen und mit ihnen das Tanzbein zu schwingen. Um sie besser zu verstehen. Um mich besser zu verstehen.

Und das Herz unserer Kinder?

Ja, es ist auch ein Festsaal. Ein Schloss mit jeder Menge Party.

Manchmal, da tanzen alle Gäste durcheinander. Der Rhythmus ist wilder, manchmal unkontrolliert.

Aber je mehr Raum ein Herz sich macht, je mehr es wächst und seine Kammern vergrößert, desto mehr Platz ist dann für jede der Emotionen vorhanden. Sie werden sich mit den Jahren ordnen und allen anderen viel weniger auf die Füße treten.

Gott gab unseren Emotionen einen Raum.
Einen Festsaal.

Und so wie das Herz den Emotionen Raum gibt – so dürfen auch wir unseren Kindern einen großen Raum geben. Zum Weinen, zum Lachen, zum Wüten und für ihren Frust.

Ob sie uns beim nächsten Titel zum gemeinsamen Tanz auffordern werden oder nicht, das werden wir dann erleben. Ein anwesender, aber stiller Beobachter und Bewunderer des Geschehens auf der Tanzfläche ist genauso, wenn nicht manchmal noch viel kostbarer als ein perfekter, gemeinsam aufs Paket gelegter Walzer.

Die königliche Schatzkammer

Das Herz ist nicht nur der Raum unserer Gefühle, sondern auch der unserer Gedanken.
So heißt es in Matthäus 15,19:

„Denn aus dem Herzen kommen böse Gedanken,..."

Liest man den Anfang dieses Verses nur bis zu diesem Punkt, könnte man denken: „Okay, das Herz ist doch böse". Ich sehe das anders.

Der Anfang dieses Verses beschreibt, was aus unserem Herzen kommen KANN. Nicht muss. Wir atmen auf. Und ein zweites Mal können wir entspannt die Schultern sinken lassen, denn der Vers sagt außerdem nichts darüber aus, wer böse Gedanken im Herzen hat. Er sagt nur, dass das Herz dazu in der Lage ist, solche Gedanken hervorzubringen.

Kinder können hier nicht gemeint sein. Das erfahren wir, wenn wir den Vers bis zum Ende lesen. Dort werden uns die Gedanken aufgezählt: „...Mord, Ehebruch, Unzucht, Diebstahl, falsche Zeugnisse, Lästerung."

Alles Dinge, die Kinder nicht betreffen. Sie sind also nicht gemeint. Und auch, wenn wir Erwachsenen mit diesem Vers gemeint sind, gibt das Wissen darum uns die Chance, daraus zu lernen.

Im ersten Schritt hilft uns dieses Wissen – aus unserem Herzen kommen böse Gedanken – diesen bösen nicht zu folgen. Unsere Aufgabe ist es, diese vor die Tür zu setzen. Damit sie nicht zu Worten oder Taten werden.

„Der gute Mensch bringt aus dem **guten Schatz seines Herzens das Gute hervor**, und der böse Mensch bringt aus dem bösen Schatz seines Herzens das Böse hervor; denn **wovon sein Herz voll ist,** davon redet sein Mund" (Lukas 6,45).

Ein Schatz aus gesammelten Juwelen. Solche glänzenden Kostbarkeiten sind deine lichtvoll funkelnden Gedanken. Wie Goldschmuck, den man in einer Schatulle verwahrt oder Goldbarren, die eine Schatzkammer zieren.

Unser Herz ist diese Schatzkammer. Wir dürfen es füllen mit luxuriösen Glanzstücken, guten Gedanken. All das, was für uns von hohem Wert ist, das man gern mit anderen teilt und wieder vor anderen beschützt:
Der Schatz deines Herzens. Er darf ein guter sein.

Denn wir können uns entscheiden: Welche „Stücke" behalte ich? Welche verwerfe ich? Wie Goldschürfer können wir uns knietief in den Fluss des Lebens stellen, bestückt mit feinen kreisrunden Sieben, die wir immer wieder ins Wasser tauchen, um die Schätze, die neben dem Schlick auffunkeln, herauszusammeln. In die Kammer unseres Herzens, bis sie „voll ist" oder überfließt von guten Gedanken, welche uns und unsere Kinder erfreuen. So ist das kindliche Herz auch über die Kindheit hinaus eine göttliche Schatzkammer: Wenn wir ihnen vorleben, wie man solch ein Sammler und Liebhaber guter Gedanken ist.

Darum ist über dein Herz gesagt:

„Mehr als alles andere **behüte dein Herz**; denn von ihm geht **das Leben** aus“ (Sprüche 4,23).

„Denn wo **euer Schatz** ist, da wird auch **euer Herz sein**“ (Lukas 12,34).

Es gibt also etwas in uns, das unseren Schutz verdient. Vielleicht hat Gott selbst uns alle zu Hütern dieser göttlichen Schatzkammer in unserem Innern bestellt.

Was für ein schöner Gedanke.

„Kinder kommen böse zur Welt!
Haben ein dunkles böses Herz. Tragen Schlechtes in sich.
Sie sind gegen uns und müssen erst noch
zum Guten erzogen werden.“

6. Deine menschliche Prägung

Wenn du dich fragst, was dein Kind in sich trägt, ob es eher gut oder böse ist, fragst du zugleich, was du selbst in dir trägst.

Wenn du dich fragst, wie es zur Welt kommt, wie sein innerster Kern beschaffen ist, fragst du zugleich nach deinem eigenen inneren Kern.

Wenn du nach der Beschaffenheit deines eigenen inneren Kerns fragst, fragst du zugleich nach deinem eigenen Ursprung, nach deiner Entstehung, nach dem Funken des aufleuchtenden Lebens der gesamten Menschheit.

Du fragst nach der Quelle deiner Lebendigkeit und letztendlich nach deinem Schöpfer und nach seinem innersten Wesen.

Wie ist er wohl?
Und: Bin ich ihm ähnlich? fragen wir uns.

Doch lasst uns bei uns selbst beginnen: Mit einem Blick auf den Anfang, bei der Erinnerung an unsere eigene, irdische, menschliche Prägung. Diese ist uns präsenter und näher als unsere göttliche Prägung.

Wir alle wurden klein und bedürftig geboren und brauchten ein nährendes Umfeld, um heranzuwachsen. Dieses Umfeld, meist die eigene Familie, hat uns die ersten Gedanken über uns mitgeben.

So dürfen wir uns also fragen:
Wie dachten meine Eltern, meine Großeltern und meine Urgroßeltern über mich? Welche Stimmen waren es, denen ich folgte, als ich selbst noch in Kinderschuhe passte? Wie dachte die Generation vor mir über den Kern des Menschen?

Und auf die Elternschaft bezogen:

Wie dachten sie über Kinder? Und über das Gute in ihnen? Wie dachten sie über sich selbst?

Um leichter an Antworten auf diese Fragen zu kommen, frag lieber nach den *Worten,* die du über dich gehört hast, anstatt über verborgene Gedanken der anderen nachzugrübeln.

Was sagten sie? Was sprachen sie aus?
Diese Worte machen greifbar für dich, wovon dein

Kindesbild geprägt wurde.

Waren es Worte wie:

„Kinder kommen böse zur Welt!
Haben ein dunkles, böses Herz. Tragen Schlechtes in sich. Sie sind gegen uns und müssen erst noch zum Guten erzogen werden."

Oder Worte wie diese:

„Kinder kommen gut zur Welt!
Haben ein glänzendes, helles Herz. Tragen Gutes und Göttliches in sich. Sie sind nicht gegen uns. Wir sehen ihre guten Absichten."

Worte, bewusst oder unbewusst als Wahrheit in dein System übernommen, brachten Gefühle in dir hervor, die sich nach Wärme und Frieden anfühlten, wenn es gute und positive Worte waren oder dich Kälte, Traurigkeit und Kummer spüren ließen, wenn es negative und abwertende Worte waren.

Ich freue mich zutiefst über jeden, der von einem göttlichen Menschenbild geprägt wurde, mit diesem guten Blick auf den Menschen aufgewachsen ist und diesen Schatz an seine Kinder weitergeben darf. Für euch ist dieses Buch geschrieben.

Doch noch viel mehr ist es für alle diejenigen unter euch geschrieben, welche von den negativen Worten des ersten Abschnittes geprägt wurden. Wirst du dir des Gewichts der Worte deiner ersten, engsten Bezugspersonen und der vor uns liegenden Generationen bewusst, wird dir ebenso klar, wovon dein Bild auf den Menschen geprägt wurde. Dein Blick auf den Menschen, besonders aber auf Kinder und auf dich selbst, hat dadurch eine erste menschliche Prägung erhalten. Nun jedoch schreibst du deine Geschichte selbst weiter und entwirfst deine eigenen Gedanken über Kinder und dein Sein.

Ich möchte dich ermutigen, denn es sind bloß menschliche Gedanken, die uns festgehalten haben! Es sind nicht Ketten. Es sind bloß Gedanken von Menschen über Menschen, welche uns noch fernhalten von einem göttlichen Blick.

Man sagte dir, es sei kalt draußen. Man bot dir einen Mantel aus Überzeugungen über den Kern des Menschen an und du schlüpftest hinein. Starke Überzeugungen und Argumente, ja sogar Bibelstellen, webten den Stoff dieses Mantels, gaben dir Schutz und Wärme. Mag er auch noch so kratzig und unbequem gewesen sein, so legte er sich doch wie eine zweite Haut auf deine. Vielleicht trugst du ihn eine Weile, weil alle in deinem Umfeld ihn trugen. Vielleicht trugst du ihn auch schon eine Weile ungern, da du merktest, dass die Überzeugungen, die ihn zusammenhielten, schon lange nicht mehr deine waren. Vielleicht trugst du ihn, weil du dachtest, Gott würde es sich von dir wünschen. Und vielleicht gab spätestens die Geburt deines eigenen Kindes den Anstoß, deine Überzeugungen über Kinder zu überdenken, so wie es bei mir der Fall war.

Ganz gleich, mit welcher ersten menschlichen Prägung du hierher gefunden hast: Schön, dass du hier bist und diese Zeilen liest, während vielleicht schon dein eigener Sprössling neben dir am Boden spielt – oder dein inneres Kind hier einfach nach mehr Frieden sucht.

Die meisten Eltern, so auch ich, wünschen sich bestimmt einen friedvollen und gütigen Umgang mit ihren Kindern und einen Blick, der vom Guten geprägt ist. Bedingungslose liebevolle Begleitung unsererseits, gelebte Sanftmut und geduldiges Verständnis für den Ausdruck kindlicher Gefühle. Deshalb lohnt es sich, wenn wir unsere Gedanken über Kinder neu ordnen, um dann ein vom Positiven und Göttlichen geprägtes Kindesbild in uns zu tragen. Und es lohnt sich, nicht nur uns selbst ein Stück zu heilen, sondern auch eine neue Generation mit einem positiveren und göttlichen Blick auf sich selbst zu prägen. Darum ist es so wichtig, sich seiner ersten menschlichen Prägung bewusst zu werden und zu verstehen, dass negatives Denken über Kinder meist zu einer gewissen Härte im Umgang mit Kindern führt.

Die Wahrheit ist: Das Gute im Kind zu entdecken, verändert nicht zuerst das Kind, sondern – unser eigenes Herz. Es macht uns sanfter, geduldiger und friedvoller. Wir greifen viel seltener oder gar nicht mehr zu Strafen. Gebrauchen keine Distanz als Verhaltensoptimierung, korrigieren weniger. Unsere innere Grundeinstellung unserem Kind gegenüber erfährt eine Verwandlung. Wir werden uns von Vielem weniger gestresst fühlen, weil wir das Gute in unseren Kindern sehen und dies unser täglicher Fokus ist.

Als ich Mutter wurde, trug ich diesen gewebten Mantel der negativen Überzeugungen selbst. Der folgende Abschnitt wird dich spüren lassen, dass es draußen wunderbar warm ist und du den Mantel aus alten Überzeugungen, den du vielleicht noch trägst, so wie ich am Anfang meiner Mutterschaft, nicht mehr brauchen wirst. Leg ihn hier ab! Ganz ohne Scham, nackt dastehen zu müssen. Denn die Ausführungen und weiteren biblischen Belege auf den nächsten Seiten sind wie neue warme Kleidung für dich.

*„... **das Trachten** des menschlichen Herzens böse ist von seiner Jugend an... “*
(Schlachter 2000)

*„...denn das Sinnen **des menschlichen Herzens** ist böse von seiner Jugend an... “*
(Elberfelder CSV)

*„...denn das Dichten des menschlichen Herzens **ist böse** von seiner Jugend an... “*
(Elberfelder 1905)

(1.Mose 8,21b)

Ich habe zu dieser Stelle immer wieder diese Frage bekommen:

„Sabrina, hier steht doch, dass der Mensch böse ist von Geburt an? Wie lässt sich das mit deinem positiven Blick auf Kinder vereinbaren?“

Oft werden in diesem Vers nur die Worte – das Trachten des menschlichen Herzens ist böse – gelesen. Doch der Vers geht noch weiter. Er endet mit den Worten: „von seiner Jugend an“.

Könnte es also sein, dass der Mensch nicht böse ist von Geburt an, sondern von seiner Jugend an?

Ein Beleg für diese These lässt sich in der hebräischen Sprache, in der das Alte Testament geschrieben wurde, finden. Denn interessanterweise bedeuten die Worte hier tatsächlich nicht „von Geburt an", sondern „von seiner Jugend an" sei das Trachten des Herzens böse.

Wie im Deutschen gibt es im Hebräischen für die Zeit vor der Jugend ein anderes Wort, das mit „Kind" übersetzt wird.

Es wird also ein Unterschied zwischen zwei Begrifflichkeiten, zwischen zwei verschiedenen Altersstufen, sichtbar:

Das hebräische Wort für Jugendlicher lautet:
נעור (na'ur)

Im Gegensatz dazu heißt das hebräische Wort für Kind:
ילד (jeled)

Wenn man sich das hebräische Wort für Jugend anschaut, welches im ersten Mosebuch verwendet wird und wenn man sich anschaut, wie es benutzt wird, dann wird deutlich, dass es hier um junge Menschen geht, die noch im Hause ihrer Eltern leben, jedoch schon eigenständig handeln. Denn sie treiben Viehzucht und gehen Kriegsgeschäften nach, sie heiraten sogar in der Jugendzeit. Also kann man sagen, dass sich diese Zeit sicherlich nicht auf die Kleinkindzeit bezieht, wo solche Dinge noch nicht möglich sind. Vielmehr könnte man sagen, dass sich „von Jugend an" auf eine Zeit bezieht, wo wir beginnen, unabhängig von unseren Eltern über uns selbst und unsere Umwelt zu reflektieren und eigenständige, weitreichende Entscheidungen zu treffen. Ich mag mich hier gar nicht auf ein Alter festlegen, da es sich hier sicherlich um individuelle Zeitpunkte handelt. Aber es gibt wohl eine Zeit in unserem menschlichen Dasein, wo unser Trachten des Herzens nicht als böse bezeichnet werden kann, weil wir das noch gar nicht können, gut und böse, – im tiefsten Sinne –, zu unterscheiden.

In dieser Bibelstelle geht es um junge Erwachsene oder Jugendliche, also vielmehr um Heranwachsende, die schon überblicken können, was sie tun und welche Folgen ihr Handeln haben wird. Diese sind hier gemeint. Babys, die weinen, sind nicht gegen ihre Eltern. Kinder, die wütend „nein“ rufen, sind keine Tyrannen. Sie sind Abbilder des Guten, wie wir bereits wissen.

Das „böse Trachten“ bezieht sich also nicht auf Babys, Kleinkinder und größere Kinder; und auch die hier genannten Heranwachsenden sind oft sehr hilfsbereit, kümmern sich um andere, helfen den Großeltern, gehen für diese einkaufen oder helfen Freunden bei der Gartenarbeit. Treffen gute Entscheidungen. Sie verbringen nicht den ganzen Tag damit, darüber nachzudenken, wie sie anderen Schaden zufügen könnten. Sie werden nicht plötzlich böse, sondern wachsen in die größere Verantwortung hinein, die mehr Macht zu haben mit sich bringt. Sie sind viel stärker als Kinder mit einer teils feindlichen Welt konfrontiert und entscheiden dann, welche Erfahrungen, Entscheidungen und Werte die Schatzkammern ihres Herzens füllen dürfen.
(Wie in Kapitel 5 „Dein Herz“ beschrieben.)

Wir sehen also die Goodness des Menschen, seine Gutheit, Gutsein von Geburt an.

„Der Mensch ist *gut*, aber *tut* Böses",

so schrieb es einmal die Autorin L. R. Knost[2].

Das ist meine Überzeugung. Sonst müssten wir unsere himmlische Abstammung, unser Geschaffensein im Abbild des Guten, verleugnen. Und das wollen wir bestimmt nicht tun.

Der Mensch ist fähig zu bösen Taten, das kann wohl keiner bestreiten. Für diese unsere Überheblichkeit, unsere Härte, die krummen Wege und die verletzenden Worte, dafür hat Gott uns Jesus gegeben. Er ist die stabile Brücke, die uns in Gottes bedingungslose Liebe zurückführt. Durch diese dürfen wir angenommen sein, trotz allem, was uns trennen könnte. Durch ihn trennt uns nichts mehr vom Guten.

„Denn es gefiel [Gott], in ihm alle Fülle wohnen zu lassen und **durch ihn alles mit sich selbst zu versöhnen**, indem er Frieden machte durch das Blut seines Kreuzes — durch ihn, sowohl was auf Erden als auch was im Himmel ist" (Kolosser 1,19+20).

Wir nehmen also Abschied von einer Haltung, die Kinder verbessern will, weil wir von ihrem guten Kern wis-

---

[2] Ins Deutsche übersetzt aus dem englischen Original *Jesus, the Gentle Parent, 2014, S. 205.*

sen. Aus dieser neuen Sicht heraus werden wir unser Kind beim Heranwachsen unterstützen, es wertschätzen und schützen, da, wo sich zarte Knospen zum Himmel strecken und sie gerade erst am Aufblühen sind.

Lassen wir uns also nicht durch falsche Interpretation des kindlichen Verhaltens als „böse“, von unserem Ziel abbringen. Sondern erreichen wir unser gestecktes Ziel, das Gute im Kind zu sehen, indem wir das Vergangene hinter uns lassen.

Was wir als Kinder gehört haben, hat uns geprägt. Diese Sätze erwuchsen durch feste innere Überzeugungen und Mythen der früheren Generationen, die auch meist ihr Bestmögliches gaben.

Mit diesem neuen Wissen unterbrechen wir die Weitergabe einer negativen Prägung im Denken über Kinder. Eine neue Elterngeneration wächst heran und gibt von nun an eine ganz andere Sicht auf Kinder weiter.

Gute, wertschätzende Worte über sich selbst hören deine Kinder von dir. Dadurch sind sie dann viel leichter dazu im Stande, später auch ihren eigenen Kindern dieses Geschenk zu machen. Und das nicht nur, weil deine ausgesprochenen Worte über sie wie Segnungen ihre Seelen wärmen oder weil dein Verständnis von der Schrift überzeugend für sie sein wird, sondern besonders deshalb, weil sie erleben werden, wie liebevoll du deine Elternschaft durch diese befreienden Überzeugungen – durch deine neuen Kleider – lebst.

Und sehen, wie glücklich und frei sie dich machen!

Bevor die Welt war

Klar: Vor der Welt war Gott schon da!
Und mit ihm die Idee von dir.
Von deinem inneren Kern.

Der Allmächtige schaute nach dir.
Hielt dich warm. Trug dich umher. Lächelte dir zu.

Er sang für dich. Küsste dich. Kuschelte und drückte dich.
Licht war dir nah. Ließ dich nie allein.
Nährte dich. Umsorgte dich.

Er war stolz auf dich. Er ist es noch immer.
Er liebte dich.

Deine erste Prägung war keine menschliche.
Sie ist eine göttliche gewesen.

Seine Liebe, deine erste Erinnerung im Unterbewusstsein.
Im Herz gespeichert.

Seine Liebe, der Motor deiner Zellen.
Der Speicher deiner Kraft.
Sein Geruch, dein Zuhause.
Seine Stimme, dir bekannt.

Sein Wesen, dein Kern.
Sein Lächeln dein Spiegelbild.
Deine Schönheit, das Echo seiner Seele.

In dieser Zeit hauchte er dir seine Göttlichkeit ins Herz, noch bevor er dich auf die Erde hinunter setzte. Damit er selbst und diese Erfahrung immer bei dir sein können.

Nun bist du hier auf der Erde. In deiner eigenen Familie.
Doch er ist nicht fort.

Deine erste Prägung, sie ist sein Liebessiegel
auf deinem Herzen.

Bleibend. Echt. Unverwechselbar.

Er schenke dir diese Erfahrung, damit du sie
deinen Kindern weitergeben kannst.

Damit auch sie von ihrer ersten Prägung erfahren.

Einer guten. Einer göttlichen.

7. Deine göttliche Prägung

Klecksen, tupfen, verstreichen.

Mit dem Pinsel in der einen und den Farben in der anderen Hand stand er vor einer leeren Leinwand. Malte geduldig die schönsten Kunstwerke. Für uns.

Durch seine Gleichnisse und Geschichten teilte dieser begabte Künstler immer wieder Bilder. Das konnte er ganz ohne Instagram und Co. Seine Werke erhielten trotzdem gigantische Reichweite, denn er kreierte wahre Gemälde und nicht nur Gekritzel auf einem Schmierzettel. Die Leute trugen sie immer eng bei sich, denn er verstand es, auf der hochwertigsten Leinwand aller Zeiten zu malen:

auf unserer Vorstellungskraft!

Jesus ist dieser Künstler, welcher schwungvoll mit Pinsel und Farbe vor uns steht und durch seine Worte die schönsten Bilder in uns erschafft.

Seine Meisterwerke haben dreierlei gemeinsam, sie

heilen uns,
stärken uns (und geben uns Kraft),
verbinden uns (miteinander und mit Gott).

Ihre heilsame Wirkung entfalten diese Bilder, weil in ihnen so viel Hoffnung steckt. Zum Beispiel die Hoffnung auf Erlösung und die Ewigkeit. Stärkung erfahren wir durch diese Bilder, weil sie uns an das Gute erinnern. An die in uns wohnende Kraft, die göttliche Kraft, die zum Vorschein kommen möchte. Diese Kraft zeigt sich unter anderem im starken Mitgefühl, in der Hilfsbereitschaft und in der Liebe der Geschichte vom barmherzigen Samariter.
Und enger verbunden fühlen wir uns durch Jesu Bilder, weil wir durch sie Gott und sein Wesen besser verste-

hen. Da brauche ich nur schreiben: „der Weinstock und die Reben“, und schon ist es da, das Bild in deinem Kopf. Auf der Leinwand, deiner Vorstellungskraft.

Der Text vor Beginn dieses Kapitels, „Bevor die Welt war“, lässt ebenso ein Bild in dir entstehen. Eines, das heilsam, stärkend und auch verbindend sein kann.
Lies ihn ruhig noch einmal.

Im Gegensatz zur menschlichen Prägung haben wir leider keine bewusste Erinnerung an unsere erste Prägung, die nach meiner Überzeugung eine göttliche ist. Diese ist für mich die wahre erste Prägung, die jeder Mensch mit auf die Erde bringt.

„Ich danke dir dafür, dass ich erstaunlich und wunderbar gemacht bin; wunderbar sind deine Werke, und meine Seele erkennt das wohl! Mein Gebein war nicht verhüllt vor dir, als ich im Verborgenen gemacht wurde, kunstvoll gewirkt tief unten auf Erden. Deine Augen sahen mich schon als ungeformten Keim, und in dein Buch waren geschrieben alle Tage, die noch werden sollten, als noch keiner von ihnen war“
(Psalm 139,14-16).

Du darfst Ja sagen zu deiner ersten göttlichen Prägung. Und sie zu deinen Erinnerungen hinzufügen. Da uns bewusste Erinnerungen an diese Zeit vor unserer Geburt, in der wir in Gottes Liebe gehalten waren, fehlen, wir sie aber so dringlich brauchen, habe ich mit diesem Text ein Bild aus Worten für dich gemalt. Für deine innere Leinwand.

Sie, deine erste Prägung, ist mehr als ein kleines Pflaster auf einer vielleicht klaffenden Wunde. Sie ist mehr als ein schön gemaltes Bild, das verstaubt auf einer Staffelei unserer Gedanken lehnt:

Sie ist Realität! Göttlicher Wunsch. Göttliche Realität für uns.

Versehen mit dem Siegel des einen, unseres Vaters im Himmel. In seinem nährenden Umfeld waren wir geborgen, er war unsere erste Familie. Unsere erste Prägung, bevor die Welt war.

Was passiert in uns, wenn wir glauben, dass Gott uns allen eine erste prägende Zeit im Himmel in seinen Armen geschenkt hat, bevor er uns in unser Erdenleben hinuntersetzte?

Wenn wir verstehen, dass unsere erste Prägung eine göttliche war und nicht die unserer irdischen Familie, also nicht die der menschlichen Natur, dann werden wir frei. Wir beginnen loszulassen von den Erwartungen, die wir legitimerweise als Kinder an Menschen gerichtet haben. Wir beginnen uns zu Gott, zu seiner Göttlichkeit hin auszustrecken, so wie sich eine Pflanze zur wärmenden Sonne streckt.

Wir wissen nun, dass wir nicht als unbeschriebenes oder gar dunkel bekleckstes Blatt zur Welt kamen. Sondern als glänzende Kopie vom Original. Lichtvoll, weil mit Göttlichem getränkt. Licht ist das flüssige Gold, mit dem er unseren inneren Herzensraum überzogen hat, um ihn erstrahlen zu lassen: „Nun redete Jesus wieder zu ihnen und sprach: Ich bin das **Licht** der Welt" (Joh. 8,12).

„Ihr seid das **Licht** der Welt" (Matthäus 5,14a).

Das Göttliche selbst ist dieses Licht.
Wir tragen es in uns und geben es an andere Menschen weiter.

Du kannst diese Zeilen „Bevor die Welt war" immer wieder lesen. So fügst du sie zu deiner Lebensgeschichte hinzu. Probiere einmal, sie laut vorzulesen statt nur im Stillen für dich, und lass sie auf dich wirken.
Was nimmst du wahr? Welchen Satz willst du immer wieder hören, weil er deinem Herzen guttut? Du kannst sie dir auch aufnehmen und dann immer wieder anhören. Einfach nur zuhören, weinen oder lächeln, heilen oder einfach die Gewissheit seiner Liebe genießen! Und: Frieden in seiner Nähe finden.

Wir sind das, worin Gott wohnt. Sein Gefäß, seine Hülle.
Sein Palast: mein Körper.
Sein Heiligtum: meine Seele.

„Wenn jemand mich liebt, so wird er mein Wort befolgen, und mein Vater wird ihn lieben, und **wir werden zu ihm kommen und Wohnung bei ihm machen**" (Johannes 14,2b).

Gott entzündete in uns einen wärmenden Ofen – durch unsere erste Prägung – und legt in unserem irdischen

Leben auch weiterhin durch seine Liebe nach. Kälte muss aus allen Ritzen entweichen, wenn er das Haus betritt.

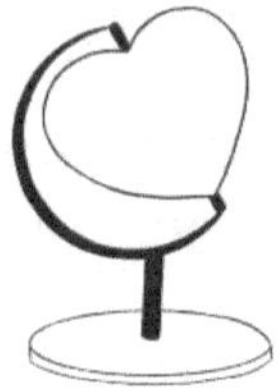

Neugierig und gespannt.
So warteten sie, vor der geschlossenen Tür.
Die Engel.

Sie wollten unbedingt wissen, wie Gott die Kinder erschuf.
Doch immer, wenn Gott vorhatte, ein Kind zu gestalten,
verschwand er in seiner Werkstatt.
Um unbeobachtet zu sein.

Doch eines Tages nahmen die Engel ihren Mut zusammen und
fragten Gott, ob sie einen Blick hineinwerfen dürften.

Als sie dann, mit seiner göttlichen Erlaubnis, ins Verborgene
blickten, waren sie völlig fasziniert, über alle Maßen erstaunt,
ja, verblüfft von dem, was sie da sahen.

Denn dort stand nur eine Sache – und das war:

ein Spiegel.

8. Dein Selbstbild

Eine Leserin meines Instagramprofils @vomGutenimKind schickte mir diese berührende Geschichte. Ihr selbst wurde diese vor einigen Jahren erzählt. Leider ist mir bis heute der Autor unbekannt. An dich gebe ich diese Geschichte heute weiter, weil sie auf knappe Art und Weise offenlegt, was ich dir über Kinder weitergeben möchte.

Wofür ich sensibilisieren möchte: Den göttlichen Ursprung von Kindern!

Wir brauchen also unser selbstzusammengepuzzeltes (Selbst-)Bild nicht mehr, sondern können alles annehmen, was wir in ihm, im Spiegel, sehen. Unser Spiegelbild es lehrt uns, dass wir Abbilder sind. Abbilder des Höchsten. Wir sind seines Wesens, seiner Art und seiner Natur.

Nach dem Sündenfall haben sich viele Dinge für den Menschen verändert. Zuerst für Adam und Eva und dann folglich auch für uns. Wenn wir darüber nachdenken, womit genau Gott Adam und Eva nach dem Paradies strafte, ging es um die Mühen der Schwangerschaft, der Geburt und um die Mühe, den Erdboden zu bearbeiten, um sich dadurch ernähren zu können. Es ging nicht darum, uns Kinder zu geben, die wie eine Plage wären.

Denn eines änderte sich spannenderweise nach dem Sündenfall nicht:
Der Mensch ist und bleibt im Abbild Gottes geschaffen!
Das lesen wir, nachdem die Arche Noahs wieder geöffnet werden konnte, Noah für Gott opfert und Gott sagt:
„..im Bilde Gottes hat er den Menschen gemacht“ (1.Mose 9,6).

Wir Menschen sind jetzt zwar außerhalb der Grenzen des Paradieses heimisch, aber unsere Seele ist immer noch in seinem Abbild gestaltet und ihm damit oft näher, als wir es uns zu wünschen erlauben.

Es wäre doch vermessen anzunehmen, das Gute in unseren Kindern käme vom menschlichen und wäre irdischen Ursprungs.

Viel leichter ist es hingegen doch zu erkennen, dass alles, was wir sehen, seine göttliche, überirdische Herkunft hat. So wie es in Römer 1,20 steht:
„denn das Unsichtbare von ihm wird geschaut, sowohl seine ewige Kraft als auch **seine Göttlichkeit**, die von Erschaffung der Welt an **in dem Gemachten wahrgenommen** werden..."

Ähnlichkeiten

Wenn ich mein Kind anschaue, sehe ich einen Teil von mir.
Einen Teil von meinem Mann.
Uns ähnlich.
Einen kleinen Menschen.

Ich sehe etwas Neues. Es selbst.
Unverwechselbar.
Ein Unikat.

Ich sehe auch etwas Altes.
Etwas Ursprüngliches.
Etwas Größeres.

Einen Größeren.

Wenn ich meine Kinder anschaue, sehe ich ihn.
Diesen Künstler. Den kreativen Farbenschöpfer und übergroßen Menschenlieber. Diesen machtvollen Bergeversetzer und imposanten Sanftmutlehrer.

Den, der die Kleinen so super findet!
Der Verbindung als das Lebenselexier bewirbt.

Ich sehe Streben nach Frieden und einen starken Wunsch nach Verbindung, Zusammensein und Dazugehörigkeit. Sichtbar gewordene Liebe und die lebendig gewordenen Worte „Es ist nicht gut, dass der Mensch allein sei“ versuchen gerade, auf meinen Arm zu klettern und ziehen sich jeden Tag an meinem Bein zum Stehen hoch.

Ein Stück Anfang letztendlich.
Ein Teil vom Paradies für die Zukunft.

Kinder.

Wenn ich mein Kind anschaue, sehe ich einen Teil von ihm.
Ihm ähnlich.
Einen kleinen Menschen.
Einen großen Gott.

Nach seinem Bild hat er den Menschen erdacht.

Was siehst du?
Siehst du das auch?

„Wie ist er wohl?“ und „Bin ich ihm ähnlich?“ fragen wir uns. Das sind die letzten beiden unbeantworteten Fragen aus der anfänglichen Reihe an Fragen, die ich dir stellte und die ich nun beantworten möchte. Ich schrieb bereits, dass, wenn du nach dem Kern des Kindes fragst, du letztendlich auch nach deinem Schöpfer fragst. Nach seinem inneren Wesen.

So wie ein Mädchen oder ein Junge ihren Vater oder ihre Mutter betrachten und nach Ähnlichkeiten zu ihnen suchen.

Die Antwort ist: Ja! Du bist ihm ähnlich!

Man sieht deinen Schöpfer in dir. Man sieht in dir seine Göttlichkeit.

Wir sehen Gott also ähnlich. Und das trifft nicht nur auf unsere äußere Hülle zu, sondern auch auf unser Herz, auf unser Sein und unsere göttliche Lebendigkeit in uns, die uns zu dem machte, wer wir sind:

seine Abbilder.

Randvoll mit Phantasie

Liebe Mama, bitte vergiss nicht: Du bist voll Phantasie!

Du siehst das, was ich war und das, was ich bin.
Du siehst mich! Und das, was keiner in mir sieht.
Was gerade noch erwächst.

Lieber Papa, bitte vergiss nicht: Du bist voll Phantasie!

Du siehst das, was ich war und das, was ich bin.
Du siehst mich! Und das, was keiner in mir sieht.
Was gerade noch erwächst.

Lieber Gott, bitte vergiss nicht: Du bist voll Phantasie!

Du siehst das, was ich war und das, was ich bin.
Du siehst mich! Und das, was keiner in mir sieht.
Was gerade noch erwächst.

Lass mich sein, was ich schon bin:
Dein Kind.

Lass mich sein, was ich will:
Phantasie!

9. Dein Vorbild

„Warum also Kinder?“ fragen wir uns.
„Weil sie vorbildlich sind!“ antwortet Jesus.

Ja, vorbildlich.

Wir wollen uns verändern? Hören wir auf Jesu Worte über Kinder. Wir wollen etwas Gutes lernen?
Lernen wir von ihnen!

Vieles können wir uns von diesen weisen kleinen Lehrmeistern abschauen, die noch so viel stärker mit den göttlichen Ursprüngen verwurzelt sind als wir. Das meiste davon wurde noch nicht in Büchern niedergeschrieben, nicht schriftlich festgehalten - obwohl eine Sammlung all dieser Dinge ohne Frage im Stande wäre, ganze Bibliotheken zu füllen! Das wahre Abbild des Schöpfers, das spiegeln Kinder noch viel stärker als wir.

Dieses Gute in unseren Kindern ist in jedem Alter und für jedes Elternteil etwas anderes. Und das ist gut so. Unterschiedliche Perspektiven sind eine Bereicherung. Wir sehen nicht alle das Gleiche in ihnen. Es ist sogar möglich, dass sie uns besonders das zeigen, was wir uns selbst oft insgeheim, auch für uns, wünschen.

Hier ein paar meiner Entdeckungen, die dir als eine Inspiration dienen können, deine eigenen Seiten voll des Guten, welches du in deinen Kindern entdecken kannst, zu füllen:

Die Fähigkeit Flow

Als Eltern beginnen wir spätestens mit der Geburt unseres Kindes, uns um alles Mögliche zu sorgen. Meist schon davor. Doch das bekannte „Sorgt euch nicht um den morgigen Tag“ schließt auch unsere Elternschaft mit ein. Puh! Gar nicht so einfach, oder?

Mit der Ankunft unseres Kindes erreichen uns Jesu Worte in Form eines kleinen Bündels in unseren Armen – als bittende Botschaft für mehr Sorglosigkeit – ganz neu.

„Darum sollt ihr euch **nicht sorgen um den morgigen Tag**; denn der morgige Tag wird für das Seine sorgen...“ (Matthäus 6,34).

Kinder sind völlig frei und sorglos unterwegs. Ihnen muss man das nicht sagen. Sie haben noch das tiefe Wissen in sich, dass es sich nicht lohnen wird, sich um den morgigen Tag den Kopf zu zerbrechen. Sie kennen nämlich den viel zu hohen Preis, den es kostet, seine Kraft an das Morgen zu verschenken. Der überteuerte Preis nämlich, welchen wir ohne Rückgaberecht zahlen, wenn wir uns um Morgen sorgen: Das Heute! Wir verpassen das Hier und Jetzt, wenn wir dem Später größere Wichtigkeit und Aufmerksamkeit schenken als der Gegenwart.

Während wir mit unserem Kleinkind auf weißem Papier bunte Fingermalfarben verstreichen und die Phantasie in unsere Arme laufen will, um sich herumwirbeln zu lassen, verpassen wir die Freude darüber – weil wir in Gedanken daran arbeiten, ja nichts auf der Einkaufsliste der kommenden Tage zu vergessen. So werden die Falten auf unserer Stirn immer tiefer durch das Grübeln über den (möglichen!) Stress am kommenden Morgen. Und ein Zug, beladen mit Frieden und der Entspannung, die uns überkommt, wenn wir unserem Kind beim Schlafen zusehen, fährt einfach vorbei, ohne bei uns anzuhalten.

Doch wir können sie zurückgewinnen, die Freude an der Gegenwart, den Genuss des Moments.

Kinder gewinnen die Gegenwart auf ganz einfache Weise für sich:

Sie sind Meister des Spiels!

Das Spiel ermöglicht ihnen besonders leichten Zugang zum Zustand des Flows. Dieser wird als ein Zustand beschrieben, den man ganz leicht im versunkenen Spiel erreichen kann.

Ich möchte es beschreiben als einen Zustand, bei dem du mit deinen ausgestreckten Händen den blauen Himmel kitzelst und doch noch mit deinen Fußspitzen mit dem Erdboden verbunden bleibst. Egal, ob als Zuschauer oder selbst im Zustand der Hingabe – es ist toll! Flow bedeutet Schweben im Jetzt. Traumschlösser malen mit geöffneten Augen, völlig wach, ganz klar und doch komplett versunken im Nebel der Sache, die du gerade tust. Deine Privatwolke in dir drin, sozusagen. Befinden sich Kinder im Flow, sind sie meist kaum ansprechbar. Überhören ganz und gar ihr Drumherum. Sind sich selbst genug und zufrieden mit dem, was sie machen. Ganz versunken im Spiel, in Aktivität, im Tun. Das genügt!

Kinder sind wahre Profis darin, sich in diesen Zustand zu versetzen. Voller gewissenhafter Konzentration auf ihr Werkeln. Weil das Hier und Jetzt zu erleben wirklich zufrieden und glücklich macht.

Auch wir Großen können wieder mehr spielen und den Flow-Zustand erreichen. Dafür sollten wir uns für einen Moment freimachen von Zeitdruck und uns einer Aufgabe voll widmen, die wir schon kennen, aber noch nicht völlig erfasst haben. Was wir tun, darf eine gewisse Herausforderung darstellen, ohne uns völlig zu überfordern. So erreichen wir schnell einen entspannten Zustand, der uns das Hier und Jetzt genießen lässt. Und uns nebenbei auch noch Kraft schenkt für das Später.

Ich selbst kann dabei richtig gut auftanken. Dann bin ich ganz bei mir und bei dem, was ich gerade tue. Nicht tausend Gedanken schenke ich dann Raum in meinem Kopf, sondern der einen Aufgabe, die ich gerade in den Händen halte, vor meinen Augen beobachte oder in Gedanken forme. Wenn ich zum Beispiel einen Text über das Gute im Kind für dich schreibe, mit dem ich etwas in dir berühren möchte. Dann komme ich in meinen Flow.

Flow entschleunigt uns. Und auch unsere Körperhaltung kann uns beim Herunterfahren helfen. Zum Bespiel, wenn wir uns öfter zu unseren Kindern auf die Knie begeben. Die Perspektive lässt uns mit ihnen auf Augenhöhe agieren und erinnert uns daran, dass es sich lohnt, auf die Knie zu gehen – nicht nur als (innere oder äußere) Haltung zum Gebet. Sondern, um uns einen tiefen Blick in die Augen unserer Vorbilder in Sachen Gegenwartsliebe zu ermöglichen. Außerdem kommt man nicht mehr so schnell voran wie im Stehen – und das verhindert, dass ich mich durch die vielen, kleinen „Nur-mal-eben-kurz-noch-das-machen"-Sachen ablenken lasse von dem Moment, der gerade zwischen mir und den Kindern passiert. Meist laden mich meine Kinder aus dieser Position heraus prompt zu einem gemeinsamen Spieleabenteuer ein. Probiere es gern mal selbst aus! Geh öfter auf die Knie.

Flow lehrt uns, dass Auftanken nicht unbedingt Nichtstun bedeutet. Auftanken und neue Kraft schöpfen geht auch in Aktion. Durch Kreativität. Mit deiner Phantasie. Und immer dann, wenn wir etwas mit Hingabe in Liebe tun.

Laufen unsere Kleinen deshalb nicht so schnell leer wie wir Großen?

Ist das ihr Trick? Im Hier und Jetzt sein.

Jetzt hast du Lust bekommen, deinen Flow zu spüren? Das Glücksbarometer deines Alltags nach oben zu schieben, aufzutanken und zu mehr innerer Zufriedenheit zu kommen?

Hier meine kurze, praktische Anleitung für deinen Flow:

1. Werde der Herr deiner Gedanken. Erlaube ihnen, um das JETZT zu kreisen. Unterbrich dich dabei, das NACHHER zu durchdenken.

2. Schreibe dir jeden Abend von der Seele, was morgen erledigt werden muss.
   Das macht frei vom Stress des kommenden Tages, etwas zu vergessen oder am nächsten Tag jede Minute daran denken zu müssen.

3. Du musst nicht alles allein tragen. Gibt deine Sorge ab! Bete.

4. Genieße dein Leben HEUTE und die Zeit mit deinen Kindern im JETZT. Ganz oft – im kindlichen Vorbild des Flows.

Sanft im Detail
Wenn durch entspannte Kinderhände Sandkörner rieseln, der große Bruder dem schlafenden Geschwisterchen über den Kopf streicht. Seifenblasen aufgefangen werden wollen, ohne sie zum Platzen zu bringen oder Marienkäfer auf winzigen Fingerspitzen balanciert werden, bis sie am höchsten Punkt die Flügel aufspannen und abheben. Wenn der einzige noch übrige Baustein langsam und geräuschlos auf der Spitze des Bauwerks im Kinderzimmer austariert wird.
Dann zeigen Kinder ihre große, sanfte Seite.

Sie sind Meister darin, die kleinen Dinge anzuschauen,

sie wahrzunehmen, sie zu betrachten. Sie wertzuschätzen. Und zart mit ihnen umzugehen.

Genau wie Jesus haben sie eine starke, sanfte Seite. Auch er ist ein Meister darin, die kleinen Dinge anzuschauen, sie wahrzunehmen und ihnen seine Aufmerksamkeit zu schenken. Zum Beispiel, wenn er sich den Kindern zuwendet.

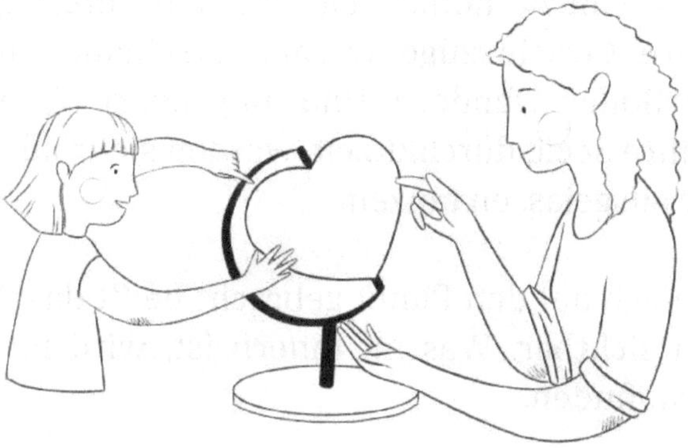

Auch wir dürfen die Sanftheit im Alltag mit unseren Kindern wählen! Zart mit ihnen sein. Achtsam, so wie es uns oft zu Recht im Umgang mit der Natur ans Herz gelegt wird. So werden diese Sprösslinge nicht nur gesund heranwachsen, sondern gewiss auch erblühen.

Ungeschminkt echt

Nicht wie ein Schauspieler, sondern wie ein wahrhaftiger Mensch, der sich nicht versteckt hinter bunt bemalten Masken. Echt sein ist ihr Erkennungsmerkmal. Schauspiel ist ihnen nicht möglich. Sie verstellen sich nicht! Durch ihren Körper, durch ihre Gesten und Worte zeigen sie, was sie brauchen und sind, was sie sind: einfach echt!

Dadurch erinnern sie uns daran, ganz wir selbst zu sein.

Kinder sind echt: Wenn sie wütend sind, wüten sie.
Wenn sie traurig sind, kullert Träne um Träne ihre Wange hinab. Und wenn sie Enttäuschungen erleben, werden sie nicht höflich lächeln oder breit grinsen. Nein. Ihre Gesichtszüge werden erschlaffen und ihr Blick zu Boden wandern. Und umgekehrt: Wenn pure Freude ihre Seele durchkitzelt, werden sie fröhlich hüpfen oder ausgelassen tanzen.

Ganz einfach auf den Punkt gebracht heißt das: Was da ist, wird sichtbar. Was im Innern ist, wird im Außen eine Form finden.

Wie weit haben wir uns im Vertrauen auf fremden Rat davon überzeugen lassen, dass das, was Kinder zeigen, nicht das ist, was sie wirklich meinen? Die zweifelnden Worte „Du kannst doch noch nicht satt sein!" führen uns dann zum „Iss auf!".
Dabei brauchen sie doch das Gegenteil: unser Vertrauen. Denn das, was sie zeigen und sagen, ist frei von Manipulation oder böser Absicht. Einfach ungeschminkt und echt. Wir Eltern dürfen den echten, kindlichen Ausdruck ihrer Innenwelt schützen, indem wir ihnen einen sicheren Raum geben.
Und: Wir dürfen selbst zu mehr echtem Ausdruck kommen.

„Warum also Kinder?“ fragen wir uns.

„Weil sie vorbildlich sind!“ antwortet er.

Ja, vorbildlich.

Da bleibt uns nichts anderes übrig als zustimmend zu nicken.

Wir wollen uns verändern? Hören wir auf Jesu Worte über Kinder. Wir wollen etwas Gutes lernen? Lernen wir von ihnen!

Lassen wir sie ihr Innerstes zeigen, werden wir mit dem Kostbarsten beschenkt: Wir erkennen, wer sie wirklich sind. Hören den Klang ihrer Seele und erblicken die Form ihres einzigartigen Charakters.

Und nehmen hoffentlich in uns selbst wieder mehr das wahr, was Gott sich für unsere Persönlichkeit vorgestellt hat:

ein unverwechselbares Unikat zu sein.

Es war nötig, dass kleine Seelenträger im damaligen Denken als Vorbilder einen Platz bekamen. Einen ihnen angemessenen Platz. Mir scheint, dass dieser Prozess auch in diesen Tagen noch nicht abgeschlossen ist. Dass es, gerade jetzt, wichtig ist, über das Gute im Kind zu reden. Das Gute in ihnen in den Fokus unserer Elternschaft zu rücken.

Es braucht eine gehörige Portion Mut dazu, Jesu revolutionäre Gedanken in die Tat umzusetzen und sie als eigene Wahrheit in deiner Familie zusammen mit deinen Kindern zu leben.

Jesu Worte darüber, wie Kinder sind, sind gewichtiger als alles, was wir bis jetzt gehört oder für uns angenommen haben.

Er ist der Weg!

Der Weg, auf dem du zum Schloss gehst.
Und die alte Dornenhecke für immer hinter dir lässt.

Herzlich willkommen bei vomGutenimKind!

Für euch, liebe Eltern, schreibe ich leidenschaftlich gern über den guten und göttlichen Kern in Kindern. Das Scheinwerferlicht richte ich dabei auf die kostbaren Worte von Jesus, der uns rät, wie die Kinder zu werden. Als Mutter von zwei Mädchen darf ich täglich von ihrem einzigartigen Vorbild lernen.

Gestalten wir zusammen Elternschaft
einfach göttlich und unerschütterlich liebevoll!

Deine *Sabrina*

Instagram: @vomgutenimkind
Website: www.vomgutenimkind.de
Mailadresse: vomgutenimkind@gmx.de

Entspannt und vertrauensvoll Eltern sein? Das geht!
Erfahre in „**Bonding 2.0**“, wie du deine Kinder mit Jesus verbinden kannst. Hole dir das gratis E-Book auf www.vomgutenimkind.de und lies direkt weiter.
Viel Freude wünsche ich dir damit!

ISBN 978-3-7565-3255-1
9 783756 532551 00001
www.epubli.de